Simon Schmitt

Nothing to hide?

Bibliografische Information der Deutschen
Nationalbibliothek:
Die Deutsche Nationalbibliothek verzeichnet diese
Publikation in der Deutschen Nationalbibliografie;
detaillierte bibliografische Daten sind im Internet über
http://dnb.dnb.de abrufbar.

2. Auflage

Herstellung und Verlag: BoD – Books on Demand,
Norderstedt

ISBN: 978-3-7543-1228-5

Inhaltsverzeichnis

„Zu sagen, dass Ihnen das Recht auf Privatsphäre egal ist, weil sie nichts zu verbergen haben, ist nichts anderes als zu sagen, dass Ihnen die Meinungsfreiheit egal ist, weil Sie nichts zu sagen haben.

Es ist ein zutiefst antisoziales Prinzip, denn Rechte sind nicht nur individuell. Sie sind kollektiv, und was für Sie heute möglicherweise keinen Wert hat, hat möglicherweise einen Wert für eine gesamte Bevölkerung, ein gesamtes Volk, eine gesamte Lebensweise von morgen. Und wenn Sie sich nicht dafür einsetzen, wer wird es dann tun?"

- Edward Snowden

Vorwort

Der Mensch ist gläsern geworden. Alles was wir tun - insbesondere in der digitalen Welt - hinterlässt eine deutliche Datenspur. Und diese weckt viele Begehrlichkeiten in Wirtschaft und Politik.

„Wir können ja eh nichts dagegen tun" und „Ich habe doch nichts zu verbergen" sind Sätze, die man in diesem Zusammenhang sehr häufig zu hören bekommt. Doch stimmt das wirklich? Können wir tatsächlich nichts dagegen tun, dass wir immer gläserner werden und digital immer mehr überwacht und verfolgt werden? Und haben wir wirklich nichts zu verbergen? Oder gibt es dann doch ein Stückchen Privatsphäre, das jeder von uns zu schützen bereit ist?

Ich habe mich nun viele Jahre mit den Themen Datenschutz und Privatsphäre beschäftigt und klar ist vor allem eines: Angriffe auf unser Recht auf Privatsphäre häufen sich. Und zwar von Seiten der

Wirtschaft wie auch der Politik. Klar ist aber auch, dass wir eben nicht so schutzlos ausgeliefert sind, wie viele von uns annehmen. Denn es gibt durchaus Möglichkeiten und Tools, wie man sich und seine Daten mit wenig Aufwand effektiv schützen kann.

Das tolle dabei ist, dass es deutlich einfacher ist als viele den Eindruck beim Thema Datenschutz haben. Die Verschlüsselung von Nachrichten, Dateien oder E-Mails sei ja eh nur was für Technik-Nerds. Vor allem aber ist es nach manchen IT-Zeitschriften alles andere als einfach und massentauglich.

Schaut man sich die Technik jedoch genauer an, dann sieht man, dass diese Behauptung an vielen Stellen längst überholt ist. Selbst der ehemalige NSA-Mitarbeiter und Whistleblower Edward Snowden hat direkt nach seinen Enthüllungen betont, dass die Verschlüsselung von Nachrichten oder Dateien funktioniere und einen wichtigen Beitrag zum Schutz vor Überwachung darstellen kann - und von jedem umsetzbar ist.

Kennst du das Gefühl, von Werbung verfolgt zu werden? Dieses Gefühl, dass Amazon oder Facebook genau wissen, was man tags zuvor in Google gesucht und bei einem anderen Händler vielleicht auf den Wunschzettel gepackt hat?

Viele empfinden das als ziemlich unheimlich und machen sich sogar Sorgen darüber, wie das zustande kommt und woher die jeweiligen Dienste wissen können, was ich vor kurzem im Netz eingegeben und gesucht habe.

Diese Entwicklung ist sehr wohl Besorgnis erregend - man kann es inzwischen sehr gut erklären wie das funktioniert und es gibt ebenso gute Lösungsansätze als auch Alternativen im World Wide Web.

Und genau darum geht es hier in diesem Buch: welche verschiedenen Interessen gibt es überhaupt im Internet, warum und wofür werden Daten gesammelt und gespeichert und kann ich mich dagegen wehren - und falls ja, wie? Antworten auf diese und weitere Fragen versuche ich hier zu geben.

Gleichzeitig ist es auch ein Aufruf, wachsam durch die digitale Welt zu gehen und sich immer zu überlegen, ob ein bestimmter Dienst diese oder jene Daten für seinen Service auch wirklich benötigt, oder ob sie in bestimmten Bereichen einfach völlig fehl am Platz sind (müssen bspw. Facebook oder Google unseren genauen Standpunkt kennen, um uns ihren Dienst anbieten zu können?).

Der Schutz der eigenen Daten ist nicht schwierig oder kompliziert wie häufig angenommen wird. Und Privatsphäre geht uns letzten Endes alle an. Denn wie du ebenfalls in diesem Buch erfahren wirst gibt es immer häufiger Versuche, genau diese Privatsphäre zumindest einzugrenzen. Und glaub mir wenn ich sage, dass wir alle etwas zu verbergen haben!

Werbung und der Einsatz Tracking-Cookies nehmen scheinbar immer mehr zu, Überwachungsbefugnisse für Geheimdienste nehmen immer mehr zu, Vorratsdatenspeicherung, Staatstrojaner und Co. stehen auf der politischen Tagesordnung.

Es gilt also Augen und Ohren offen zu halten um George Orwells Dystopie nicht wahr werden zu lassen!

Big Brother is watching you

„Jede Grenze, die Sie passieren, jeder Einkauf, jeder Anruf den Sie machen, jeder Funkmast in Ihrer Nähe, jeder Kontakt zu Freunden, jede Website die Sie besuchen, jede Betreff-Zeile die Sie tippen - all das liegt in den Händen eines Systems dessen Reichweite unbegrenzt, aber dessen Kontrolle begrenzt ist."
- Edward Snowden

Edward Snowden, ehemaliger NSA-Mitarbeiter und späterer Whistleblower, konnte die massive und anlasslose Überwachung von US-Bürgern und dem Rest der Welt am Ende nicht mehr mit seinem Gewissen vereinbaren. Anfangs noch selbst an der Entwicklung dieser Werkzeuge für die Überwachung beteiligt, später als er sah wie diese Programme letztlich von der Behörde missbraucht wurden und die täglichen Praktiken selbst vor dem Kongress verschwiegen wurden - obwohl dort direkt nach den Abhörmaßnahmen gefragt wurde - sah er sich gezwungen, für sich die Reißleine zu ziehen.

Er sammelte intern geheime Dokumente, die die Überwachungspraktiken der NSA belegen sollten. Zuerst begann er diesen Schritt für die eigene Recherche, um zu verstehen warum die Behörde so viele Daten absaugte. Als ihm das Ausmaß klar wurde, reifte in ihm letztlich der Gedanke, die Beweisdokumente der Öffentlichkeit zu übergeben.

Nachdem er alle wichtigen Dokumente hatte, die seiner Meinung nach wesentlich die Überwachung darstellten, meldete er sich krank und flog nach Hong Kong, von wo er Kontakt mit den Journalisten Laura Poitras und Glenn Greenwald aufnahm. Es dauerte noch eine ganze Weile, bis sich die drei dann persönlich begegneten. Als es dann schließlich soweit war, konnten sie es zu Beginn nicht so recht glauben, in welchem Umfang hier von der NSA Daten abgefangen wurden und welches Ausmaß dies angenommen hatte und noch annehmen würde. Ihnen war schnell klar, dass diese Praxis nicht nur nicht legal sein kann, sondern auch ans Licht der Öffentlichkeit gelangen muss. Daher machten sie sich an die Arbeit, die Dokumente zu durchforsten und veröffentlichten Artikel darüber, die allein aufgrund der Brisanz um die ganze Welt gingen.

Die Enthüllungen über das massive Überwachungsprogramm der USA löste weltweit eine Welle der Empörung aus. Die deutsche Kanzlerin wird hier immer gerne mit dem Satz zitiert „Abhören unter Freunden - das geht gar nicht" - um dann kurz im Anschluss eingestehen zu müssen, dass unsere deutschen Geheimdienste bei diesem Schauspiel der NSA ebenso mitgespielt haben, wie die anderer Länder auch. Es überrascht daher nicht, dass das Kanzlerinnen-Handy dem Untersuchungsausschuss eben NICHT zur Analyse übergeben wurde.

Seit diesen Enthüllungen von Edward Snowden hat sich im Bereich der Nachrichtendienste und auch in der Politik natürlich einiges getan. Auch wenn hier immer noch argumentiert wird, man arbeite mit diesen Mitteln allein zur Terrorbekämpfung und zu unser aller Sicherheit. Allerdings ist ebenso sehr umstritten, ob die getroffenen neuen Regelungen bzgl. Der Behörden und deren Überwachungspraxis weitreichend genug sind. Vor allem unter dem Aspekt, dass die Praktiken der Geheimdienste an vielen Stellen schlichtweg legalisiert wurden und sich somit im Alltag der jeweiligen Behörde zum Teil nur begrenzt etwas geändert haben dürfte.

Ja, es gab im großen Ganzen Veränderungen die durchaus positiv zu sehen und zu loben sind, wie bspw. die seit ein paar Jahren gültige europäische Datenschutz Grundverordnung. Andererseits gibt es auf der anderen Seite aber auch Veränderungen in Richtungen, die weder im Sinne Edward Snowden´s waren als er die vielen Geheimdokumente veröffentlichte, als auch im Sinne von uns Bürgerinnen und Bürgern. Einige Praktiken der Geheimdienste, die zuvor als illegal oder rechtlich gesehen zumindest als grenzwertig erachtet wurden, wurden einfach legalisiert. Oder die europäische ePrivacy Reform, die deutlich über die Regelungen der Datenschutz Grundverordnung hinaus gingen, indem sie bspw. den Umgang mit Cookie-Bannern oder Metadaten (wer telefoniert wann, mit wem, wie häufig und wie lange) regeln sollte - hier blockieren selbst heute noch sehr viele Mitgliedstaaten (allen voran das Union-regierte Deutschland) und verhinderte somit effektiv das Inkrafttreten dieser

Reform (geplanter Start war eigentlich parallel zur DSGVO, diskutiert wird darüber jedoch bis heute ohne Erfolg).

Ebenso ist die Vorratsdatenspeicherung in Deutschland wie der EU ein Thema, das immer wieder gerne aufgewärmt und in neue Gesetzestexte gepackt wird. Dass dieses Vorhaben vom deutschen Bundesgerichtshof in Karlsruhe sowie vom Europäischen Gerichtshof mehrfach zurückgepfiffen wurde, scheint die Regierung nicht daran zu hindern, es immer wieder in einen neuen Mantel an Formulierungen zu packen und einen neuen Versuch zu starten, es doch in die Praxis umzusetzen (1).

Gleichzeitig bemüht Horst Seehofer sein Ministerium für Inneres sowie den Bundestag um weitere Befugnisse für Geheimdienste und Polizeibehörden, dank derer nun der Staatstrojaner eingesetzt werden darf und mit deren Hilfe die Kommunikation durch Ermittler bereits dann abgehört werden, bevor eine Straftat überhaupt erst begangen worden ist. - NGOs und netzpolitische Organisationen kritisierten zu Recht massiv diese Gesetze und kündigten an, Verfassungsbeschwerde in Karlsruhe einzulegen. Die Regierung interessierte diese Kritik scheinbar nur wenig, denn das Gesetz passierte den Bundestag mit einfacher Mehrheit (2).

Wichtig an der Stelle zu betonen ist auf jeden Fall, dass es bei der Kritik dieser Gesetze nicht darum ging, die Arbeit von Strafverfolgungsbehörden zu erschweren oder einzuschränken. Das vielfach genannte Problem beim Staatstrojaner ist vor allem die Tatsache, dass dieser Sicherheitslücken ausnutzt, die natürlich nicht nur für die Behörden offen stehen. Das bedeutet, dass auch Hacker und böswillige Angreifer diese Lücken bei bekanntwerden ausnutzen können. Also anstatt Sicherheitslücken an die jeweiligen Hersteller zu melden, um potentiellen Schaden abzuwenden, werden diese gezielt offen gelassen um sie für eigene Zwecke zu missbrauchen - wohl wissend und die Gefahr in Kauf nehmend, dass dieses Verhalten einen weitaus größeren Schaden anrichten kann, als es letztlich uns allen nützt (3).

Die Argumentation des Ministeriums ist gleichzeitig auch Überschrift von Gesetzesvorhaben: „Sicherheit trotz Verschlüsselung und Sicherheit durch Verschlüsselung" Worte, die sich nicht deutlicher widersprechen könnten, gemeinsam im Titel des Dokuments. Rein praktisch gesehen wäre das, wie wenn man sagen würde man schließt die Wohnungstür hinter sich und hängt für die Polizei direkt neben die Eingangstür jegliche Schlüssel für Wohnung und Haus auf, für den Fall der Fälle einer offiziellen Hausdurchsuchung. Dass diese Möglichkeit vor allem auch von Einbrechern genutzt werden kann, dürfte mehr als einleuchtend sein und ist letztlich keine Wissenschaft für sich. Ebenso verhält es sich auch im digitalen Leben wenn man meint, für einen Staatstrojaner Tür und Tor offen zu lassen und zu glauben, nur der Staat würde diese Sicherheitslücken für sich nutzen.

Man mag sich nun vielleicht die Frage stellen, warum die Politik überhaupt solche Gesetze beschließt, die unsere digitale Sicherheit mehr schwächen, als dass sie sie stärken, nur um vermeintlich unsere analoge Sicherheit zu stärken. Die Antwort auf diese Frage ist nicht so ganz einfach, da hier sicherlich viele Themen hinein fallen. Klar ist aber eines: es geht in erster Linie um Macht.

Schauen wir uns hierzu mal Wahlkämpfe an, da diese ein sehr gutes Beispiel hierfür abgeben: die SPD wie die Unions-Parteien CDU & CSU gaben 2019 am meisten für Werbung auf Facebook und Instagram aus, wie ein Bericht von netzpolitik.org ausführlich aufzeigt (4). Das ist nicht nur deshalb problematisch, weil hier die bekannten Datenkraken zusätzlich zu ihrem Handel mit privaten Nutzerdaten auch noch Geld in den Rachen geworfen bekommen. Es ist schon allein daher problematisch, weil die bei Facebook eingesetzten Algorithmen auch zur Manipulation genutzt werden können, bzw. Gezielt dazu eingesetzt werden. Beispiele und Belege hierfür sind politische Erdbeben wie der BREXIT oder auch die Wahl von US-Präsident Donald Trump - in beiden Fällen war die Datenanalysen-Firma Cambridge Analytica in Zusammenhang mit Facebook beteiligt, auch wenn letzteres Unternehmen hierbei immer wieder ausweicht und versucht das ganze kleiner und harmloser darzustellen.

Auch wenn man zumindest bei den demokratischen Parteien in Deutschland davon ausgehen dürfte, dass diese die sozialen Medien zumindest nicht für Manipulation missbrauchen möchten, so zeigt diese Potential doch die Gefahren hinter dem Konstrukt von Facebook und Co. auf. Denn eines ist klar: wer im Besitz von Algorithmen und von Daten ist, der entscheidet letztlich was wir sehen und was nicht und welche Inhalte wir in welcher Häufigkeit sehen.spätestens hier sprechen wir nicht mehr nur von Eingriffen in unsere Privatsphäre, sondern auch von Eigriffen in die Grundpfeiler unserer Demokratie! Unser derzeitiges Demokratie-Verständnis geht zumindest davon aus, dass wir unsere Wahl aufgrund von ausgewogenen Argumenten und Punkten treffen, die das für und wider abwägen lassen und letztlich auf Fakten basieren. Greift hier jedoch ein Algorithmus ein, indem er (im Falle von Facebook) entscheidet was wir ab sofort sehen dürfen und was nicht, dann ist das gezielte Manipulation, die nebenbei bemerkt auch noch völlig intransparent agiert, da die Plattform dahinter völlig intransparent und schleierhaft arbeitet. Selbst die Entwickler dahinter haben zum Teil keinen Durchblick mehr, warum die KI nun so entschieden hat und nicht andersherum.

Wie dieses Beispiel zeigt, haben auch Konzerne - wie in diesem Fall Facebook - unglaubliche Macht darüber, was wir am Ende des Tages auf unserem Bildschirmen angezeigt bekommen. Ähnlich verhält es sich mit der

Suchmaschine Google. Auch wenn diese den Besten Algorithmus hat um Webseiten zu suchen und zu finden, ist es auch ebenso die datenhungrigste von allen. Denn bei Google bekommt man längst keine „neutralen" Suchergebnisse mehr, sondern diejenigen die zum persönlichen Profil passt, das Google über einen erstellt hat. Dieses Profil ergibt sich aus vielen getätigten Suchanfragen bei der Suchmaschine, und den Surfgewohnheiten im restlichen World-Wide-Web, die man aus den Cookies über den Browser auslesen kann. Und wer hier glaubt, er sei hier schön außen vor, weil er Cookies regelmäßig löscht oder gar nicht erst zulässt - dafür haben Konzerne wie Google bereits vorgesorgt und können den Nutzer per Fingerprinting identifizieren (also anhand des Browsers, der Auflösung des Bildschirms, dem Endgerät, von dem aus man surft, usw.). Man kommt also an individuellen Suchergebnissen fast nicht mehr vorbei - dazu aber im nächsten Kapitel mehr.

Es ist also keine Besonderheit von Behörden und Geheimdiensten, massiv überall Daten sammeln und zu speichern, sondern auch große Konzerne wie Google, Facebook oder auch Amazon praktizieren das sehr erfolgreich und tagtäglich. Die Werbung, die einem als Nutzer angezeigt wird um Käufe und somit Geld zu generieren, ist hier nur der sichtbare Grund. Tatsächlich befindet sich dahinter eine Maschinerie, die darauf aus ist, so viele Daten über die Nutzer zu sammeln wie möglich, um die Daten selbst zu verkaufen und andere wieder einzukaufen. Denn je mehr man über den einzelnen Menschen weiß, desto mehr Macht hat man auch über ihn und seinen Entscheidungen, die er potentiell trifft. Dass das nicht nur, aber vor allem für eine Demokratie ein äußerst gefährliches Spiel ist, wird hier ziemlich offensichtlich.

Jeder einzelne von uns als Nutzer solcher Dienste wie Google, Facebook, Amazon und Co. muss sich Gedanken darüber machen, wie nackig wir uns gegenüber dieser Konzerne tatsächlich machen wollen. Die genannten Konzerne haben ihre Markt-Dominanz und sind allein dadurch auch allen bekannt, gar keine Frage. Das heißt aber nicht, dass es keine guten Alternativen für diese Dienste gäbe. Immer häufiger ist genau das Gegenteil der Fall. Und das ist auch das schöne daran.

Wir beschweren uns viel und gerne darüber, dass der Mensch immer gläserner wird und nichts dagegen tun könne. Dass wir gläserner werden stimmt zwar - dass wir nichts dagegen unternehmen könnten, ist heute ebenso falsch!

Wir können sehr wohl an sehr vielen Stellen etwas in unserem Verhalten verändern und damit einiges bewirken. Eine hundertprozentige Sicherheit gibt es nicht - da verhält es sich nicht anders zum analogen Leben: man kann noch so viele Polizisten und Sicherheitskräfte einsetzen und trotzdem ist nicht garantiert, dass hier nichts passiert. Aber wir können jedoch sehr wohl die Wahrscheinlichkeiten, ob etwas passiert oder nicht, deutlich verringern. Und dazu muss man kein Technik-Genie sein, um das umsetzen zu können. Man braucht lediglich die richtigen Tipps und Tools um effektiv etwas für mehr Datenschutz und Sicherheit zu tun.

Wie einfach das gehen kann, zeigt nun das nächste Kapitel.

Werkzeuge & Tools für mehr Datenschutz - nicht nur für IT-Nerds

Beim Thema Datenschutz - spätestens jedoch beim Stichwort Verschlüsselung - bekommen viele bereits Kopfschmerzen. Das Thema wird häufig als zu kompliziert und im Alltag bei genauerer Betrachtung als eher hinderlich als praktikabel erachtet. Zum Teil liegt dieser Gedanke leider auch darin begründet, dass in den Medien vom Datenschutz eher als Hindernis gesprochen wird, als von einer Chance.

Die gute Nachricht an dieser Stelle ist jedoch, dass man kein IT-Crack sein muss, um Cookies zu stoppen oder seine E-Mails vor Überwachung zu schützen. Alles ist mit wenig Aufwand umsetzbar und relativ leicht zu verstehen - soweit man es richtig erklärt bekommt versteht sich! Doch auch dafür soll dieses Buch eine gewisse Stütze darstellen: einerseits die Technik leicht verständlich und gleichzeitig leicht zugänglich für jeden zu machen.

Wichtig ist immer, klein anzufangen. Denn wie in vielen Bereichen sind es auch hier die kleinen Dinge, die großes bewirken. Viele glauben immer, dass Datenschutz mit unglaublich viel Aufwand verbunden sei, was so nicht ganz stimmt, da es darauf ankommt was man konkret umsetzen möchte. Und selbst bei vermeintlich komplexeren Themen ist es inzwischen für den Endanwender längst nicht mehr so schwierig, wie der ein oder andere vielleicht meint.

Beginnen wir doch mal mit der Wahl des Browsers: weite Verbreitung genießt hier ja der Chrome Browser von Google. Wer im Besitz eines Google-Kontos ist, ist hier auch noch angemeldet. Das Problem dabei ist, dass man es dem Konzern somit unglaublich einfach macht einen zu tracken, da man ihm die Surfchronik quasi auf dem Servierteller präsentiert.

Bevor es Googles Browser gab, war Mozilla Firefox-Browser sehr verbreitet. Aus Datenschutzgründen ist er auf jeden Fall sehr zu empfehlen, da er von Grund auf großen Wert auf das Thema Datenschutz legt und auch viele Möglichkeiten für viele AddOns bietet, mit deren Hilfe man sich zusätzlich schützen kann. Er ist für alle

Betriebssysteme verfügbar und die Macher haben sich ebenso einem offenen und freien Internet versprochen. Auch für Android und iOS Geräte gibt es den Browser bereits mit vielen Funktionen, die man auch vom Computer kennt.

Gehen wir weiter zur Suchmaschine. Google hatten wir eben als Browser Anbieter, bekannt ist der Konzern jedoch durch seine Suchmaschine die jeder kennt, seit er oder sie im Internet aktiv ist. Doch so berüchtigt Google mit seinem Datenschutz und der nicht immer ganz so neutralen Suche auch ist, so viele Alternativen gibt es auch wieder. Eine der bekanntesten ist direkt nach Google nämlich DuckDuckGo. Jedoch wird diese Suchmaschine vielerorts auch dafür kritisiert, dass sie nicht immer alles findet, was man von Google findet - deren Such-Algorithmus ist in vielerlei Hinsicht schlichtweg unschlagbar. Das ist wenig überraschend, da der Konzern seinen Algorithmus über die Jahre auch extrem perfektioniert hat, mit dem man erst einmal mithalten können muss. Doch auch hier kann man abhelfen: mit der niederländischen und sicheren Suchmaschine startpage.com.

Diese liefert Suchergebnisse von Google, jedoch in anonymisierter Version. Das heißt, es wird auf die Google-Suche zugegriffen, jedoch ohne die Datenhungrige Suchmaschine selbst zu benutzen. Und da es keine Profilbildung gibt, ist auch das Suchergebnis völlig neutral und orientiert sich lediglich an den tatsächlichen eingegebenen Suchbegriffen. Hier braucht man sich also keine Sorgen darüber zu machen, was man in seiner Suchmaschine so alles eingibt und möglicherweise über sich preis gibt. Wie den Browser lässt sich die Suchmaschine auf dem Smartphone entsprechend einrichten.

Und da wir gerade bei den Mobiltelefonen sind: ja, der Messenger ist für viele eine recht heikle Angelegenheit. Doch aus Datenschutz-Gründen sollte man wirklich von WhatsApp weg kommen. Für alle Skeptiker sei hier betont, dass die Zeit zur Umgewöhnung bei den alternativen relativ kurz ist. Denn sie sind nicht nur optisch häufig ähnlich aufgebaut, sondern unterscheiden sich noch nicht einmal im Funktionsumfang - zum Teil haben die Alternativen sogar noch mehr im Angebot als WhatsApp selbst (oder lösen es anders).

Als Start in die Welt der Alternativen Messenger kann man ja langsam beginnen, indem man sich die Angebote installiert und parallel nutzt. So kann man einen sanften Übergang gestalten indem man sein Umfeld Stück für Stück dazu motiviert ebenfalls die Alternativen zu nutzen. Vielleicht ist man irgendwann dann an einem Punkt angekommen, an dem es nicht mehr ganz so schwer fällt, WhatsApp dann doch endgültig vom Gerät zu löschen.

Doch welches sind denn nun die wirklich guten Alternativen? Immerhin ist die Auswahl so groß, dass man als Laie relativ schnell den Überblick verlieren kann. Zu den besten Messenger-Diensten gehören jedoch tatsächlich zum einen der Signal Messenger der auch von Edward Snowden empfohlen wird sowie der Schweizer Dienst Threema.

Beide Alternativen sind OpenSource, das heißt der Quellcode mit dem die Software geschrieben wurde ist öffentlich einsehbar und von Experten kontrollierbar, dass keine Hintertüren eingebaut sind und die Software auch wirklich tut was sie verspricht. Beide Messenger verschlüsseln auch standardmäßig die Kommunikation zwischen den Teilnehmern - Verschlüsselung ist also keine Option, sondern eingebauter Standard. Ebenso ist es bei beiden möglich, verschlüsselte Audio und Videoanrufe zu tätigen.

Der Nutzeraccount bei Signal wird wie bei WhatsApp mit der Mobilfunk-Nummer verknüpft. Eine Angabe dieser Info ist also Pflicht. Für wen das kein Problem ist, kann den Messenger problemlos nutzen - wer jedoch nicht unbedingt scharf darauf ist seine Nummer auf einem Server gespeichert zu haben, sollte dann doch eher zu den Schweizern gehen. Auch wenn Threema im Gegensatz zu Signal einmalig Geld kostet (3,99 €), dürfte dieser relativ kleine Betrag für die meisten mehr als machbar sein. Vor allem hat der Schweizer hier den Vorteil, dass man seine Nummer oder Mail-Adresse angeben KANN, diese aber nicht angeben MUSS. Beim ersten Öffnen wird eine zufällige ID erstellt, über die mit den Gesprächsteilnehmern kommuniziert wird. Hat man seine Kontaktdaten hinterlassen und gewährt den Zugriff auf die Kontaktliste, kann die App nachschauen, wer der Kontakte auch Threema nutzt. Alternativ kann die ID auch mit den Gesprächsteilnehmern geteilt werden. Und die Server, über die die Kommunikation läuft stehen allesamt in der Schweiz.

Bleiben wir bei der Kommunikation und schauen auf die E-Mail. Der Versand und Inhalt lassen sich relativ leicht und effektiv absichern. Und das ist hier auch bitter notwendig.

Die E-Mails die wir derzeit (in aller Regel) versenden sind wie Postkarten - jeder an dem sie auf dem Weg zum Empfänger vorbei kommt, kann sie lesen. Das mag auf den ersten Blick nicht sonderlich bedrohlich wirken. Schauen wir daher einmal genauer hin: würde man auf einer Postkarte schreiben, wenn es einem gesundheitlich nicht gut geht oder worum es im letzten Streit mit der Familie oder der Partnerin ging? -Wohl eher nicht. Genau das tun wir aber mit der digitalen Kommunikation per Mail. Jede Information die wir austauschen ist letztlich sensibel und ist schützenswert!

Was bei der E-Mail Verschlüsselung wichtig ist, ist zu verstehen, worum es im Kern geht. Und das ist deutlich einfacher, als viele den Eindruck haben.

Daher hier ein Erklärungsversuch: Zuerst installiert man sich entsprechende Software, die die Verschlüsselung unterstützt - für Windows gibt es gpg4win, für macOS GPGTools sowie den

Thunderbird Mail-Client für Windows, Mac und Linux.

Bei der Ersteinrichtung erstellt man dann ein Schlüsselpaar - dieses besteht aus einem öffentlichen und einem privaten Schlüssel. Der öffentliche Schlüssel wird an die anderen verteilt, mit denen man sicher kommunizieren möchte und der private Schlüssel bleibt - wie der Name schon sagt - bei mir als Besitzer des Schlüsselpaares. Zur Erklärung der Schlüssel: mit dem öffentlichen Schlüssel (des Empfängers) wird die E-Mail verschlüsselt, entschlüsselt werden kann die Mail NUR mithilfe des privaten Schlüssels dazu. Während der private Schlüssel beim Besitzer bleibt, kann der öffentliche Schlüssel per Mail, oder auf der Website geteilt werden oder auf einen Key-Server hochgeladen werden, damit jeder auf ihn zugreifen kann. Lesbar sind die Mails also nur mit dem eigenen privaten Schlüssel. Und das ist auch schon die ganze Kunst der Kryptographie.

Die jeweiligen Kommunikationspartner müssen diese Einrichtung natürlich ebenfalls durchführen und mit mir ihren öffentlichen Schlüssel geteilt haben (ich meinerseits natürlich auch mit ihnen).

Kleiner Tipp für besonders Sicherheitsbewusste Anwender: bei der Erstellung eines Schlüsselpaares hat man im übrigen die Möglichkeit, die Schlüssellänge zu beeinflussen (Standardmäßig meist 2048 Bits) - hierbei gilt das Prinzip, je länger bzw. je größer die Zahl, umso sicherer der Schlüssel und somit die Sicherheit der Kommunikation. Daher empfiehlt sich eine maximale Länge von 4096 Bits. In der Regel sollten alle paar Jahre neue Schlüssel erstellt werden - die Software schlägt meist 4 Jahre vor, das lässt sich aber individuell einstellen.

Das tolle daran ist, dass die E-Mail Verschlüsselung bei JEDEM Mail-Account funktioniert. Man muss also keinen bestimmten Anbieter auswählen, um sicher per Mail kommunizieren zu können.

Andererseits aber wir jedoch immer noch das Problem, dass wir nicht jede E-Mail verschlüsseln können. Denn bekanntlich haben nicht alle Kommunikationspartner ein Schlüsselpaar erstellt, damit man mit ihnen sicher kommunizieren könnte. Auch Newsletter oder Updates bzgl. Einer Bestellung flattern in aller Regel unverschlüsselt ins Postfach. Das bedeutet rein faktisch, dass wir immer noch jede Menge E-Mails ungeschützt im Netz unterwegs sind Und auch die E-Mail Provider am Ende des Tages mitlesen können. Leider muss man heute davon ausgehen, dass die (kostenlosen!) Mail-Anbieter die Mails ihrer Kunden per Algorithmen einsehen und analysieren, um Daten zu gewinnen und gezielte Werbung schalten zu können.

Warum die Mail-Anbieter das machen ist ganz klar: da sie uns als Nutzer kein Geld kosten, müssen sie es an anderer Stelle wieder reinholen. Immerhin nutzen wir hier einen Dienst, dessen Betrieb jede Menge Geld kostet und zwar 24 Stunden am Tag, 7 Tage die Woche, 365 Tage im Jahr: Server verbrauchen Unmengen an Strom für den Betrieb, die Kühlung, Wartung, Updates, usw. usf. . Wenn nun also keine Einnahmen durch die Kunden in die Kassen klingeln, muss dieses Geld für den täglichen Betrieb anderswo reinkommen. Die Alternativen Lösungen sind die Daten ihrer Kunden.

Wenn wir also unsere E-Mails zu verschlüsseln beginnen, können diese somit nicht mehr analysiert werden, da die Betreiber diese nicht einsehen und ihre Algorithmen nicht analysieren können - der private Schlüssel zum lesen der Nachrichten liegt ja bekanntlich nur bei uns. Doch was ist mit den anderen Nachrichten, die wir nicht verschlüsseln können, bzw. Die unverschlüsselt ins Postfach eintrudeln wie bereits erwähnt bspw. der Newsletter, oder die Nachrichten von Menschen, die keine Mails verschlüsseln? Diese können (und werden auch) weiterhin wie gewohnt analysiert und zu Analyse- und Werbezwecken verarbeitet (5).

Da es nunmal leider nicht absehbar ist, dass wir in den nächsten Jahren nur noch verschlüsselte E-Mails in unseren Postfächern auffinden werden, bleibt das Problem der neugierigen Blicke der Mail-Betreiber also weiter bestehen. Du fragst dich nun, ob es dafür eine Lösung gibt? Glücklicherweise ist die Antwort auf diese Frage ein klares ja! Man muss nicht mit seinen Daten bezahlen, schließlich enthalten E-Mails nicht selten auch äußerst sensible Informationen über uns, die man sicherlich nicht in Händen eines großen Unternehmens sehen möchte. Man hat also die Wahl, mit welcher Währung wir bezahlen wollen: Daten oder Geld?

Ganz konkret bedeutet das, sich einen Mail-Anbieter zu suchen, der tatsächlich etwas Geld kostet. Das muss nicht viel sein und ich möchte auch gleich zu einem Anbieter kommen, der für wenig Geld einen mehr als sehr guten Job macht. Zuvor nur noch eines zu den „kostenlosen" deutschen Anbietern: die meisten Deutschen Anbieter bieten inzwischen zusätzlich zur Freemail auch einen kostenpflichtigen Service an, bei denen man dann mehr Leistungen bekommt. Hier stellt sich für mich immer die Frage wie viele Leistungen mehr man eigentlich noch haben will als die, die man in den „klassischen" Mail-Konten hatte? Ja, häufig kommen hier nützliche Office-Tools hinzu mit einem netten Cloud-Speicher inklusive. Vielmehr ist es mehr als fraglich, dass die Profilbildung einfach von heute auf morgen aufhört, nur weil wir nun regelmäßig Geld auf deren Konto überweisen. Ich für meinen Teil bin da mehr als skeptisch...

Kommen wir daher zu den wirklich sicheren Anbietern, die keine Algorithmen über unsere Mails laufen lassen, um Profilbildung zu erstellen. Der Markt der sicheren Mail-Anbieter ist in den letzten Jahren deutlich gewachsen - insbesondere seit den Enthüllungen 2013 von Edward Snowden. Dazu gehören unter anderem der Schweizer Anbieter Protonmail, die niederländische Startmail sowie die deutschen Anbieter Posteo und mailbox.org.

Am meisten haben mich hier die beiden Anbieter Startmail und mailbox.org überzeugt. Denn beide machen es dem Nutzer unglaublich einfach, seine E-Mails zu verschlüsseln - auch die Einrichtung der Mail-Verschlüsselung läuft unglaublich einfach, da man Schritt für Schritt bei der Erstellung der Schlüssel begleitet und unterstützt wird. Die Hürden wurden gerade für unerfahrene Nutzer deutlich heruntergeschraubt, sodass jeder die Möglichkeit hat, sicher zu kommunizieren.

Beide Dienste leisten einen wichtigen Beitrag, das Internet einen deutlichen Schritt sicherer zu machen, indem sie uns wichtige Werkzeuge an die Hand geben, um uns vor Überwachung und Tracking nicht nur aktiv, sondern vor allem effektiv zu schützen. Und durch ihren Einsatz, Datenschutz und -sicherheit so einfach wie möglich und für jeden leicht nutzbar machen.

Mit all diesen Schritten hat man schon ziemlich viel für den Schutz seiner Daten und der persönlichen Privatsphäre getan. Man kann an dieser Stelle nur noch wenig mehr machen, um noch etwas sicherer im Internet unterwegs zu sein. An dieser Stelle möchte ich nur kurz darauf eingehen, da man mit den bisherigen Punkten schon unglaublich viel dazu beigetragen hat, deutlich sicherer im Netz unterwegs zu sein. Da die beiden Themen jedoch nicht nur in den nächsten Jahren immer wichtiger werden, sondern bereits heute sehr essentiell sind, möchte ich sie trotz allem nicht auslassen.

Werbung und Tracking sind in den letzten Jahren ein immer größeres Thema geworden. Immer wieder wurde darüber diskutiert, begleitet von vielen Skandalen. Die meisten dürften wohl das Gefühl kennen, von Werbung geradezu verfolgt zu werden. Andererseits gibt es Websites die vollgestopft sind mit Werbeanzeigen und man gefühlt erstmal nach dem eigentlichen Inhalt suchen muss - Spaß und Freude im Internet sehen definitiv anders aus!

Abhilfe schafft hier zum einen ein kleines Tool, das man selbst auch mit wenigen Kenntnissen zusammenbauen und ans heimische Netzwerk anschließen kann (im Zweifelsfalls kann man hier auch jemanden im privaten Umfeld um Hilfe bitten, der sich mit Technik und Netzwerken gut auskennt). Die Rede ist vom eBlocker - einem System, das sich auf einen Raspberry Pi installieren lässt. Schließt man ihn ans Netzwerk zuhause an, blockiert er weitestgehend jegliche Werbung die sich im world-wide-web so tummelt und uns verfolgt. Man bekommt die Anzahl der Werbeanzeigen und Tracker auf einer Website sogar in einer Leiste im Browser angezeigt.

Der eBlocker arbeitet mit sogenannten Filter-Listen in denen Werbeanzeigen, Cookies und Tracker aufgeführt sind, mit deren Hilfe er diese erkennt und aus der Verbindung herausfiltern kann. Somit landen diese gar nicht erst auf unserem Computer oder Tablet / Smartphone. Die Filter-Listen werden regelmäßig und stetig aktualisiert (täglich!) - somit ist man immer auf dem Stand der Dinge.

Finanziert wird der eBlocker durch Spenden der Nutzer. Da manche Filterlisten über Lizenzen veröffentlicht werden und auch die Infrastrukturen des eBlockers (Server für Updates, Software, Website), sind die Einnahmen über Spenden essentiell für das Projekt. Ich kann daher jedem nur empfehlen, den eBlocker auszuprobieren und sich selbst davon zu überzeugen und das Projekt (auch finanziell) zu unterstützen. Wir brauchen letztlich Projekte wie dieses, um halbwegs sicher im Netz unterwegs zu sein.

Ein weiteres Werkzeug, das ich jedem nur ans Herz legen kann, lässt sich auch wunderbar im eBlocker implementieren: VPN-Netzwerke. VPN-Verbindungen werden in Firmen genutzt, um im HomeOffice auf das Firmennetzwerk zugreifen zu können. Es gibt aber auch Anbieter, mit deren VPN-Dienst sich sicherer im Netz bewegen lässt. Hierbei werden die Verbindungen ins Internet über einen Server des Anbieters geleitet und dabei stark verschlüsselt und die IP-Adresse verschleiert. Somit kann zum einen der Website-Betreiber nicht erkennen, wer tatsächlich auf seiner Seite unterwegs ist und andere können nicht sehen, was man im Netz so alles unternimmt oder auch nicht.

Anbieter gibt es hier viele, zu den Besten gehören meines Erachtens jedoch die beiden Provider Perfect-Privacy und VyprVPN - beide aus der Schweiz (6). Perfect-Privacy geht von allen VPN-Diensten in Sachen Sicherheit am weitesten, was sich auch im Preis bemerkbar macht - allerdings ist dieser auch mehr als gerechtfertigt, wenn man sich anschaut was hier technisch umgesetzt wird. Wer also so sicher wie nur irgendwie möglich, ist hier bestens aufgehoben. Legt man gleichzeitig großen Wert auf die Möglichkeit, gleichzeitig Streaming-Dienste nutzen zu können, ist hier bei VyprVPN etwas besser aufgehoben. Hier wird Datenschutz und -sicherheit ebenfalls sehr groß geschrieben, gleichzeitig wurde hier auch zusätzlich darauf geachtet, dass man ohne größere Einschränkungen die bekannten Streaming-Angebote wie Netflix, Amazon Prime etc. nutzen kann. Hier ist man auch etwas günstiger als bei Perfect Privacy, hat aber trotzdem sehr gute technische Umsetzungen, die die Privatsphäre verbessern.

Beide Dienste sind auf allen gängigen Plattformen einsetzbar, also Windows, Linux, macOS sowie mobil auf Android und iOS / iPadOS. Ebenfalls lassen sich beide auch beim eBlocker sehr gut implementieren und funktionieren einwandfrei mit dessen Funktionen.

Erwähnenswert an dieser Stelle vielleicht noch ein wesentlicher Punkt: durch Nutzung ist man keineswegs anonym im Internet - es erhöht lediglich die Privatsphäre und den Schutz der Daten, die durchs Internet geroutet werden. Vollkommene Anonymität kann man nicht garantieren und wäre an dieser

Stelle auch nicht wirklich seriös! Ansonsten kann man seinen Schutz vor Tracking und Verfolgung dadurch auf jeden Fall verbessern. Schutz vor gezielter Überwachung bietet auch das nur sehr eingeschränkt bis gar nicht (selbst Edward Snowden betonte in einem Interview, dass wenn die NSA gezielt jemanden überwachen möchte, dass sie das früher oder später ohne großen Aufwand auch hinbekommen - egal wie gut man sich schützt).

Auf jeden Fall hat man mit den hier erklärten Punkten alles getan, um sich vor Trackern und Cookies und vor verfolgender Werbung zu schützen. Aber auch die massenhafte Überwachung wird somit deutlich erschwert - und das ist ja schließlich unser Ziel: aus dem Raster der Masse herausfallen, weil der Aufwand bei dieser Art der Überwachung zu groß wäre. Wenn man das erreicht, ist das ein großer Schritt, sich seine Privatsphäre zurück zu holen. Es liegt nun an dir, ob und wie du dich schützt.

Politische & Gesellschaftliche Entwicklung in Europa & Deutschland

Die Enthüllungen von Whistleblower Edward Snowden haben nicht nur in den USA ein politisches Beben ausgelöst. Auch in Deutschland und Europa wurde auf allen Ebenen über massenhafte Überwachung durch Geheimdienste diskutiert. Vor allem in Deutschland wurde heftigst darüber debattiert, insbesondere nachdem Angela Merkel öffentlich geäußert hatte „ausspähen unter Freunden - das geht gar nicht" und kurz darauf bekannt wurde, dass der deutsche BND selbst an Überwachungen beteiligt gewesen ist. So viel zum Thema ausspähen unter Freunden!

Fakt ist, dass die Geheimdienste in vielerlei Hinsicht sogar sehr gezielt zusammengearbeitet haben um zumindest über Umwege auch die eigene Bevölkerung ausspionieren zu können, da das die meisten nämlich nicht im eigenen Inland dürfen. Stattdessen hat man dann Informationen von den

Partnern zugespielt bekommen, die im selben Moment auch wieder der Feind sein konnten - je nach dem, welche Interessen und Vorteile für das eigene Land gerade eine größere Rolle spielten.

Im NSA-Untersuchungsausschuss des Bundestages muss es wohl spätestens zu diesem Zeitpunkt heiß her gegangen sein, als klar war, dass es eine engere Zusammenarbeit zwischen der NSA und dem BND gegeben haben muss, als zuvor klar war und vom Kanzleramt zugleich betont wurde, man hätte von alledem nichts gewusst. Vor allem unter dem Aspekt, dass der BND direkt dem Kanzleramt unterliegt.

So richtig hitzig wurde dann die Debatte zu dem Zeitpunkt, als das Handy von Kanzlerin Merkel zur Untersuchung herausgegeben werden sollte und diese sich dieser Forderung verweigerte. So wie viele Aussagen in diesem Ausschuss verweigert wurden, wodurch letztlich ein abschließendes Statement an vielen Stellen nur sehr wage bleiben konnte, da schlichtweg die Belege dafür fehlten und somit nur sehr viel Raum für Spekulationen ließ.

Vielfach wurde damals auch die Forderung nach Asyl für den

Whistleblower Edward Snowden laut. Selbst heute - einige Jahre danach - gibt es immer wieder die Forderung danach - insbesondere seit er selbst in einem Fernsehinterview im ZDF geäußert hatte, sehr gerne auch in Deutschland Asyl anzunehmen (7).

Doch die Regierung blockierte hier von Anfang an und argumentierte, er müsse nach Deutschland kommen und den Antrag persönlich stellen. Diese Argumentation ignoriert natürlich völlig, dass diese Logik ein extrem hohes Sicherheitsrisiko für Snowden darstellen würde - es dürfte in seinem speziellen Fall ersichtlich sein, warum er diesen Weg nicht eingeschlagen hatte. Vor allem aber zeigt dieser Fall sehr deutlich, wie groß einerseits der Druck der USA offensichtlich gewesen sein muss, der im übrigen nicht nur auf Deutschland sondern auch auf viele andere Länder ausgeübt worden ist. Es zeigt auch, wie viel Angst man offensichtlich auch davor hat, sich ernsthaft mit der USA anzulegen. Immerhin wurde selbst vom Kreml in Moskau offiziell bestätigt, dass sich nach der Asylgewährung von Snowden die Beziehungen zwischen Russland und den USA dermaßen verschlechtert haben, dass sie an einem deutlichen diplomatischen Tiefpunkt befinden. Inzwischen hat Snowden eine unbefristete Aufenthaltserlaubnis erhalten, hat aber derzeit wohl nicht vor, den russischen Pass zu beantragen (was inzwischen durchaus eine mögliche Option für ihn wäre).

Aber auch gesellschaftlich hat sich seit der NSA-Affäre verändert. Für viele hat es den Blick auf Datenschutz-Themen und unser Recht auf Privatsphäre geschärft. Weitere Skandale bei bei Facebook und Co haben weiter dafür sensibilisiert, wie wichtig die eigenen Daten sind. Immer mehr Menschen wollten von nun an nicht mehr massenhaft und ohne jeglichen Anlass vom Staat oder von Konzernen überwacht und ausgeforscht werden und übten massiven Druck auf die Politik aus, Gesetze und Regelungen endlich zu ändern. In einigen Fällen waren sie damit sogar recht erfolgreich. Im letzten Jahr (2020) entschied ein US-Gericht, dass die massenhafte Überwachung von US-Bürgern illegal war, da es nach Auffassung des Gerichts gegen geltendes Gesetz verstieß (8).
Auch auf europäischer Ebene setzte sich - dank engagierter Politiker wie der grüne Abgeordnete Jan Philipp Albrecht und

einige NGO´s - die Datenschutz Grundverordnung durch, wenn auch mit großem ringen um die Inhalte. Letztlich trat sie dann aber endlich am 25. Mai 2018 endgültig und für alle in Kraft.

Parallel sollte eigentlich noch die ePrivacy Reform in Kraft treten, die den Umgang von Metadaten genauer regeln würde (also Informationen wie: wer telefoniert wann mit wem, wie lange und wie häufig). Doch hier konnten sich die Mitgliedsländer der EU bis heute nicht einigen. Bedauerlicherweise entwickelte sich die Debatte teilweise in die umgekehrte Richtung, wodurch die Regelung die derzeitigen Verordnungen eher noch abschwächen würden, als dass sie gestärkt würden. Dieser spezielle Fall zeigt, wie wichtig hier ein breites, gesellschaftliches Bündnis wäre um massiven Druck auf das EU-Parlament auszuüben, die Verordnung nun entsprechend auf den Weg zu bringen.

Aber auch innerhalb Deutschlands gab es entweder durch Landesgesetze oder seitens der Bundesgesetzgebung immer wieder neue Befugnisse für Polizeidienststellen oder Geheimdienste. Die jeweiligen Sachverständige wurden zwar weitgehend gehört und zum Teil wurde sogar darauf eingegangen.

Andererseits nutzte man jedoch die vielerorts kritische Kritik und verschärfte die Gesetzesentwürfe nochmal kurz vor der Abstimmung im Bundestag und gab den Sachverständigen dabei nur wenige Tage (oder noch weniger) Zeit, um sich über mehrere hundert Seiten einen Überblick zu verschaffen, welche Änderungen in der Gesetzgebung nun jeweils geplant sind.

Auch die Zivilgesellschaft wird immer wieder umgangen, wenn es um mehr Befugnisse für Polizei und Behörden geht, oder die in der EU äußerst umstrittenen Upload-Filter. Zu letzterer Thematik wurden Demonstranten sogar noch beschimpft, sie würden dafür bezahlt werden, demonstrieren zu gehen, ohne zu wissen, worum es überhaupt ginge. Da stellt sich hier und da schon einmal die Frage, welch ein Demokratie-Verständnis der ein oder andere Abgeordnete so hat, wenn man sich mit solchen Aussagen konfrontiert sieht.

Andererseits zeigt dies aber auch, wie wichtig es ist, als Gesellschaft aufmerksam zu schauen, welche Interessen die Politik tatsächlich vertritt. Dank einiger NGOs und anderer Bewegungen, die die Politik unter netzpolitischen Aspekten betrachten, werden immer wieder auch im öffentlichen Raum Datenschutz-Themen diskutiert, die so sicherlich nicht zustande gekommen wären, hätte es diese Organisationen nicht gegeben.

Ja, wir streiten immer wieder über Themen wie die Vorratsdatenspeicherung oder den Staatstrojaner, die mehrfach von unterschiedlichen Gerichten (vom Bundesverfassungsgericht über den Bundesgerichtshof bis zum EuGH) zurückgepfiffen wurden. Und trotz allem versucht es die Politik immer wieder, diese Themen unter neuem Mantel hervor zu bringen. Und ja, es ist frustrierend zu sehen, wie die Politik damit die Urteile der Gerichte immer wieder gezielt missachtet und versucht, die verfassungsfeindlichen Überwachungs-Befugnisse einzusetzen. Aber dass die Gerichte an vielen Stellen nunmal so entscheiden, wie sie entscheiden stärkt solchen Bürgerbewegungen, die diese Praktiken so kritisch sehen, mehr als den Rücken. Ja, im Detail fallen die Urteile vielleicht nicht immer so kritisch aus, wie man sich das an dieser Stelle wünschen könnte, doch im Kern ist es immer noch glasklar: der Staatstrojaner und die Vorratsdatenspeicherung sind im Kern verfassungsfeindlich und haben in einer

Demokratie rein gar nichts zu suchen. Zum Glück gibt es hierbei immer mehr Menschen, die genau dafür einstehen und dafür kämpfen, das Internet sicherer zu machen, anstatt dessen und somit unserer Sicherheit zu schwächen.

Wir sind also gar nicht so hilflos, wie wir uns häufig sehen. Wenn wir sagen, wir könnten als Individuen nichts verändern und keinen Einfluss in die jeweiligen Entwicklungen nehmen, stimmt das rein faktisch nicht, wie wir gesehen haben. Viele haben das bereits erkannt und sind aktiv geworden:
Sie haben begonnen, sich entsprechend vor staatlicher oder wirtschaftlicher Überwachung zu schützen indem sie alternative Messenger-Dienste benutzen, E-Mail Verschlüsselung einsetzen und dabei sogar einen sicheren Mail-Anbieter nutzen. Sie wählen entsprechende Parteien, die unsere Grundrechte schützen, anstatt sie weiter auszuhöhlen und werden auch darüber hinaus selbst politisch aktiv, indem sie unter anderem auf der Straße für eine freie Gesellschaft streiten. Andere veranstalten in ihrer Stadt und Kommune regelmäßig Crypto-Cafes um anderen die sichere

Kommunikation zu erklären und bei der Einrichtung zu helfen.

Man kann also auch gesellschaftlich eine deutliche Trendwende, hin zu mehr Datenschutz und Privatsphäre, erkennen. Trotz allem ist hier aber auch hier noch deutlich Luft nach oben, denn häufig hat man das Gefühl, dass es noch nicht genug ist. Aber die ersten Schritte sind auf jeden Fall schon einmal getan und die sind unglaublich wichtig.

Ja, ein Wechsel ist nicht immer einfach - auch besonders im Hinblick bspw. auf den Wechsel des Messengers. Häufig gilt es daher gerade hier als Argument dafür, nicht zu den Alternativen zu wechseln, weil „die anderen" nunmal alle bei WhatsApp sind. Und bei den Konkurrenten sind nur sehr wenige oder sogar gar keine der Kontakte vertreten. Im Umkehrschluss heißt das aber auch: wenn keiner den ersten Schritt macht, wird sich ein potentieller Wechsel letztlich überhaupt nicht vollziehen, obwohl wir ihn vielleicht selbst herbei sehnen. Und wenn man den Datenschutz bei WhatsApp alias Facebook kritisch sieht, sollte man auf jeden Fall den Schritt zu den Alternativen versuchen, anstatt weiter auf der Stelle zu stehen und zu argumentieren, die anderen seien auch nicht dort. Und warum sollte man auch nicht den ersten Schritt wagen und sein Umfeld auch gleich hin zum Wechsel überzeugen?

Manchmal muss man selbst den Stein ins rollen bringen, wenn es die anderen nicht machen. Das gilt für gesellschaftliche, wie für politische Themen.

Und vielleicht hast Du ja schon mehr Kontakte bei den Alternativen, als du denkst und weißt es nur nicht, da du selbst noch nicht umgestiegen bist...?

Wirtschaftliche Entwicklungen

Als das Internet zu Beginn für die breite Masse verfügbar wurde, hatte die Wirtschaft recht schnell versucht diese Chance zu ergreifen, um hier neue Geschäftsmodelle zu entwickeln und zu etablieren. Allerdings mussten sie in der digitalen Welt recht schnell feststellen, dass die Menschen offensichtlich nicht bereit waren, für ihre Dienste im World Wide Web zu bezahlen. Um vielleicht den Kontext etwas besser zu verstehen: das Internet war damals noch bei weitem noch nicht so erreichbar und erschwinglich, wie wir es heute kennen. Smartphones gab es noch nicht und das World Wide Web war für alle noch komplettes Neuland - insbesondere hier bei uns in Deutschland. Jeder weiterer Dienst den man nutzte, wärer noch ein weiterer Kostenfaktor mehr gewesen, den zu zahlen viele nicht bereit waren. Also musste für die Unternehmen ein anderes Geschäftsmodell her.

Nachdem man sich in der Wirtschaft die Technik genauer angeschaut hatte, wurden die Cookies, die eigentlich dafür sorgen dass eine Website einwandfrei funktioniert, schnell für die eigenen Zwecke umfunktioniert: es wurden zusätzliche Tracking-Cookies auf den Seiten implementiert, die die Surfprofile ausspionierten und Nutzer-Informationen sammelten! Jede Menge persönlicher Informationen über die Internetnutzer - das Öl des 21. Jahrhundert wurde hier geboren!

Nachdem man also festgestellt hatte, dass man nicht nur erfolgreich Daten absaugen sondern damit auch noch jede Menge Geld verdienen kann, wurde dieser Wirtschaftszweig entsprechend weiter ausgebaut - mit der Zeit wurde das Geschäft mit Nutzerdaten deutlich lukrativer, als die Nutzer mit Geld zahlen zu lassen.

Dabei herausgekommen sind Firmen und Unternehmen wie Cambridge Analytica oder Großkonzerne wie Google, Amazon oder Facebook. Darüber hinaus ist eine riesige Industrie aus Datenhändlern entstanden, die hinter den Kulissen im dunkeln agiert, zum Teil mit den Großkonzernen verwoben und vor allem völlig intransparent. Und sie werden immer effizienter darin, jegliche Daten zu sammeln und in die Hände zu bekommen - wer die meisten und vor allem besten Daten besitzt, verdient auch das meiste Geld in dieser Branche.

Selbst heute gut bekannte Dienste-Anbieter verdienen gutes Geld mit Nutzerdaten. Auch wenn man diese Anbieter in der Regel nicht mit dem sammeln von Nutzerdaten verbinden würde: aber auch die deutschen Mailanbieter wie GMX oder web.de sammeln sehr aktiv Daten über ihre Nutzer, wie an den AGBs erkennbar ist - diese sind selbstverständlich völlig kompliziert ausformuliert und in der Art und Weise der Struktur undurchsichtig gestaltet, um den eigentlichen Inhalt möglichst zu verschleiern.

Denn der Nutzer soll hier die AGBs offensichtlich nicht lesen - und für den Fall dass er es doch tut, gestaltet man sie so komplex und unübersichtlich, dass er freiwillig die Finger davon lässt weiterzulesen. Getreu dem Motto wie es einst Horst Seehofer als Innenminister formuliert hatte: man müsse die Gesetzestexte gezielt lange und kompliziert formulieren, damit sie keiner versteht und dagegen auf die Straße geht um zu demonstrieren.

Dass wir heute in der digitalen Welt so gläsern sind, hat vielfältige Gründe. Ein wesentlicher Aspekt ist sicherlich unsere „nichts zu verbergen" - Mentalität und der Irrglaube, nahezu jede digitale (Dienst-) Leistung kostenlos bekommen zu können.

Die Unternehmen haben ihre alternativen Geldquellen in unseren Daten gefunden und sich darin dermaßen festgebissen, dass sie davon nicht mehr lassen können und auch gar nicht wollen. Denn der Markt mit dem Daten-Handel wächst stetig weiter und die Einnahmen dadurch übersteigen längst das, was man vom Kunden verlangen könnte.

Um an diese Nutzerdaten zu kommen, werden die Praktiken zum abgreifen von Informationen immer weiter verfeinert; je besser der standardmäßige Schutz der Nutzer wird (bspw. durch Browser oder System-Updates), umso aggressiver wird jeglicher Angriff auf die potentiellen Informationen. Das Prinzip ist bereits an einem Punkt angekommen, dass man am Geld der Nutzer fast schon gar nicht mehr interessiert ist. Geld dient letztlich nur noch dazu, um bspw. bei Google eine bessere Platzierung zu bekommen. Um dieses zu verdienen braucht man heute nicht mehr das Bankkonto des jeweiligen

Kunden, sondern seine persönlichen Daten.

Doch gesellschaftlicher Druck hilft, was viele gute Beispiele gerade in den letzten Jahren bewiesen haben. Dienstleistungen die den Datenschutz fest in ihr Angebot implementiert haben, geraten immer mehr in den Fokus der Gesellschaft. Auch wenn es hier und da immer wieder einzelne schwarze Schafe gibt, mit der Zeit bekommt man ein relativ gutes Gespür dafür, welche Werbesprüche der Wahrheit entsprechend, und welche eher als heiße Luft anzusehen sind.

Die Tatsache, dass wir immer mehr Medienberichte über Datenpannen bzw. über Privatsphäre-freundliche Tools zu sehen bekommen, ist ein deutliches Zeichen dafür, dass sich die Gesellschaft hier in einem Wandel befindet - der nebenbei bemerkt wichtiger ist, denn je. Die Wirtschaft hat also offensichtlich erkannt, worauf sie zu achten hat, wenn sie die nächsten Jahre und Jahrzehnte weiter bestehen will.Ein ähnliches Beispiel sieht man seit einigen Jahren auch mit dem Server-Betrieb mit Ökostrom. Google bspw. Ist seit 2007 CO_2-neutral. Die deutschen Mail-Anbieter Posteo und mailbox.org betreiben ihre Server ausschließlich mit 100% Ökostrom - kombiniert mit konsequentem Datenschutz. Hier hat sich also auch der gesellschaftliche Druck mit der Forderung nach mehr Nachhaltigkeit und Ökologie ganz klar gewirkt und zeigt nun deutlich seine Früchte.

Klar gibt es sie immer noch, die Konzerne wie Google und Facebook, denen die Privatsphäre alles andere als am Herzen liegt. Wenn der gesellschaftliche Trend jedoch weiter die Richtung geht wie bisher, werden sich auch diese Konzerne früher oder später umschauen müssen, wie sie in Zukunft weiter bestehen wollen. Zur Google-Suchmaschine gibt es bereits eine sehr gute Alternative (siehe Kapitel 2) und auch für soziale Netzwerke gibt es inzwischen Konkurrenz, auch wenn diese derzeit aus Sicht von Facebook sicherlich noch keine allzu große Bedrohung darstellen dürfte (Stichwort Fediverse, auch bekannt unter dem Namen Mastodon(9)).

Die Frage ist, in welche Richtung sich das alles drehen wird und wo wir uns als Gesellschaft in den nächsten Jahren sehen wollen - in einem Überwachungsstaat, in dem der Staat jedes noch so kleine Detail von uns kennt, oder in einer Welt in der wir in einer lebendigen Demokratie leben, die ihrem Namen und seiner Grundrechte wirklich - wirklich! - gerecht wird? Wir haben letztlich die Wahl und treffen heute die Entscheidung, wie unsere Welt morgen aussehen wird.

Epilog - Schlussfolgerungen

Spätestens seit Edward Snowdens Enthüllungen haben wir auf jeden Fall besondere Aufmerksamkeit auf den Themen Überwachung, Tracking, Datenschutz und Privatsphäre. Seitdem gab es viele wichtige politische, wie auch gesellschaftliche Entscheidungen und Veränderungen, die eine entscheidende Richtung eingeschlagen haben.

Viele der jeweiligen Entwicklungen bilden eine gute Ausgangsbasis für die Gesellschaft, für mehr Transparenz um den Umgang mit unseren Daten und unserer Sicherheit im netz einzustehen und zu kämpfen. Doch trotz all der positiven Entwicklungen gibt es weiterhin noch vieles zu tun.

Wir haben nun in den vorangegangenen Kapiteln vieles thematisiert. Während sich auf der einen Seite seit Snowdens Enthüllungen vieles in die richtige Richtung verändert hat, gab es ebenso viele Entwicklungen, die in die andere Richtung gingen. Sei es einerseits in der

Wirtschaft, die ihre Praxis mit dem Tracking weiter massiv ausgebaut hat. Oder auf der anderen Seite die Politik, die in weiten Teilen großen Gefallen daran gefunden hat, immer mehr Befugnisse für Geheimdienste und Polizeidienststellen im Sinne der Vorratsdatenspeicherung oder dem Staatstrojaner zu beschließen.

Vor allem aber haben wir die Erfahrung gemacht, dass wir als Bürgerinnen und Bürger die Möglichkeiten dazu haben, uns gegen diese Mechanismen der fast schon totalitären Überwachung zu wehren und uns schon mit kleinem Aufwand effektiv vor neugierigen Blicken zu schützen. Mit der Verwendung solcher Tools und der Einforderung dieser Methoden, nehmen wir auch Einfluss auf die wirtschaftliche wie politische Entwicklungen.

Die Möglichkeiten sind letztlich alle da, die Werkzeuge warten nur darauf von uns genutzt zu werden. Gesellschaftlich müssen wir von der „Alles ist kostenlos" Mentalität weg kommen, in der Politik weg von der „absoluten" Sicherheit, denn beides gibt es nicht wirklich. Es kann weder alles kostenlos sein, noch gibt es eine hundertprozentige Sicherheit - weder im digitalen, noch im analogen Leben.

Was braucht es also ganz konkret, um mehr Datenschutz und Sicherheit zu ermöglichen? Was ist nötig, um die netzpolitische Themen mehr in den Fokus und mehr in die Mitte der Gesellschaft zu bringen?
In erster Linie müssen wir uns bewusst machen, was diese Überwachung staatlicher wie wirtschaftlicher Seite für uns und unsere Daten ganz konkret bedeutet. Wir müssen uns im klaren darüber werden was es bedeutet, wenn bspw. Suchanfragen gespeichert werden und mit weiteren Informationen verknüpft werden, und dass das dieses zusammenführen ein gewisses Bild von uns abgibt, das noch nicht einmal stimmen muss. Gerade in den USA gab es einige Fälle in denen Menschen festgenommen und verhört wurden, weil sie zur falschen Zeit am falschen Ort waren - für die Polizei sah es so aus, als wären sie die jeweiligen Täter, nachdem man sich verschiedene Datensätze angeschaut hatte und demnach alles auf diese Menschen hinwies. Doch nur weil die Daten darauf hindeuten, dass wir potentiell ein Geschäft um die Ecke

geplündert haben könnten, haben wir es rein faktisch noch lange nicht getan.

Wie in den vergangenen Kapiteln bereits beschrieben, zählt vor allem der erste Schritt. Einfach damit beginnen und zeigen, wie es gehen kann. Denn gleichzeitig hat dieses Verhalten auch einen weiteren, positiven Nebeneffekt: es hat eine entscheidende Signalwirkung in Richtung unserer Mitmenschen sowie der Wirtschaft. Den Konzernen wird klar, worauf sie verstärkt achten müssen, wenn sie weiter bestehen wollen und nicht nur in den nächsten paar Monaten oder Jahren. Und wir zeigen unseren Mitmenschen klar, wie es gehen kann, sich effektiv zu schützen.

Zugleich wird ein ebenso wichtiger Aspekt gerne vergessen, da er häufig unterschätzt wird: die Bildung in Schulen. Wie die derzeitige Corona-Krise immer wieder aufs neue zeigt, wurde in den letzten Jahren die Medienkompetenz offensichtlich massiv unterschätzt - in der Politik, wie an Schulen. Dabei wäre die digitale Bildung in jungen Jahren besonders wichtig, da die heutigen Kinder nicht nur mit sondern auch in der digitalen Welt aufwachsen.

Stattdessen wurden im Corona-bedingten Home-Schooling unsichere Plattformen wie Zoom oder Skype für Videotelefonie gewählt, Dateien wurden über unsichere und vor allem über die privaten Mail-Accounts der Lehrer versandt (in der Regel auch noch unverschlüsselt) und für die direkte Kommunikation wurden Messenger wie WhatsApp ausgewählt.

Das Problem dabei ist, dass es sich auch hier um sehr sensible Daten geht. Immerhin haben Schülernoten oder sonstige Leistungsbewertungen nichts bei einem Konzern wie Facebook und Co. zu suchen. netzpolitik.org berichtete Ende Januar 2021 von einem Schüler, der den mangelnden Datenschutz an seiner Schule bemängelte und wie mit seinen Bedenken bzgl. weitergeleiteter Daten an Microsoft u.a. umgegangen wurde.

Natürlich - das muss man dazu sagen - gibt es auch Schulen, die hier sehr vorbildlich arbeiten. Doch anstatt hier zu schauen, wie an solchen Einrichtungen gearbeitet wird, gibt es eben auch sehr viele Einrichtungen, die sich hierbei nicht ausreichend mit dem Schutz der Schülerdaten auseinandersetzen und dann bspw. Lizenzen mit Zoom oder Microsoft-Teams abschließen, unbedacht über WhatsApp oder private Mail-

Accounts Daten austauschen, worin gleich ein doppeltes Dilemma liegt: zum einen ist es mehr als problematisch, dass hier für dienstliche Zwecke private Accounts genutzt werden die zum anderen logischerweise keinen AV-Vertrag besitzen (Vertrag, der mit dem Dienste-Anbieter abgeschlossen werden muss, wenn Daten anderer verarbeitet werden sollen).

Das heißt, wir brauchen auch hier eine besondere Sensibilisierung bei Pädagogen, damit diese zum einen in der Datenverarbeitung die geltenden Regelungen adäquat umsetzen können und dieses Wissen auch entsprechend weitergeben können. Denn Lehrer sind auch Vorbilder und haben hier eine besondere Aufgabe auch im Sinne des Datenschutzes und dem Umgang und Schutz persönlicher Daten im Internet.

Wenn wir uns noch ein letztes Mal die Worte des Whistleblowers Edward Snowden in Erinnerung rufen: jede E-Mail die man schreibt, jede Textnachricht die man schreibt, jeden Anruf den man tätigt - all das sind Dinge, die zentral von einem System erfasst und gespeichert werden. Wir reden von den altbekannten Metadaten, also wer wann mit wem wie häufig und wie lange und von wo aus kommuniziert. Das sind ziemlich viele Details, die vieles über uns aussagen. Gehe die Punkte ruhig einmal durch und denke an die verschiedenen Szenarien mit wem du regelmäßig über dein Smartphone kommunizierst. Wenn man es sich ganz konkret anschaut und bewusst macht wird einem schnell klar, wie viel man allein durch Metadaten (unfreiwillig!) über sich preisgibt.

Wenn einem klar wird, was diese ganze Überwachung wirklich für uns und unseren (digitalen) Alltag bedeutet, kommt man unweigerlich zu der Schlussfolgerung, etwas in seinem Verhalten ändern zu müssen und andere dazu zu ermutigen, etwas in seinem Verhalten zu ändern.

Jeder von uns kann derjenige sein, der in seinem persönlichen Umfeld den Stein ins Rollen bringt und für mehr Sicherheit und Datenschutz sorgt. Es ist wie bei vielem häufig der erste Schritt der nötig ist, um schon bei sich selbst die Veränderung auszulösen. Im Idealfall hat genau das die Strahl-Kraft auf das Umfeld, die es braucht.

Bei den letzten Skandalen bei WhatsApp alias Facebook haben auch viele den ersten Schritt gemacht und sind zu anderen Diensten gewechselt - und viele andere sind ihnen gefolgt. Solche Schritte müssen wir nun noch um einiges vervielfachen um eine wirklich Bugwelle auszulösen und eine konsequente Veränderung auszulösen. Sie ist bereits im Gange und ich hoffe, dass sie immer weiter rollt und stetig größer wird.

Dieses kleine Buch hier kann für Dich als Leser ein erster Schritt in genau diese Richtung zu mehr Datenschutz und Sicherheit im digitalen Raum sein. Ich hoffe, dass die Erläuterungen und Erklärungen weiterhelfen und dahingehend unterstützen, dass die Entscheidung leichter fällt, mehr für deine Privatsphäre zu tun und das Glashaus, indem wir uns häufig befinden, endlich zu verlassen.

Selbstverständlich freue ich mich auch über Feedback und konstruktive Kritik und möchte hierfür auf meine Website nothingtohide.de verweisen, auf der ich auch immer aktuelle Entwicklungen und Neuigkeiten veröffentliche.

Danksagung & Widmung

Zum Abschluss möchte ich hier noch die Möglichkeit nutzen, einigen wichtigen Menschen in meinem Leben zu danken.
Zum einen danke ich meiner Familie, die mich immer wieder durch dick und dünn begleitet und jederzeit unterstützt. Gerade in den Debatten um Datenschutz haben sie schon einiges durchmachen und aushalten müssen - daher ist vor allem ihnen allen dieses Buch hier gewidmet!

Zum anderen ein großes Danke an Michael, der auch hier an diesem Buchprojekt im Hintergrund mitgewirkt und Korrektur-gelesen hat und einen neutralen Blick auf die Themen geworfen hat.

Und zum Schluss möchte ich allen Menschen danken, die mich in irgendwelchen Lebensphasen begleitet und auf ihre Art und Weise geprägt haben und mich zu dem werden lassen, der ich heute bin. Daher auch hier ein großes Dankeschön an diese lieben Menschen!

Literaturnachweise

(1) https://digitalcourage.de/vorratsdatenspeicherung und https://digitalcourage.de/blog/2018/verfassungsbeschwerde-gegen-staatstrojaner-eingereicht

(2) https://netzpolitik.org/2021/verfassungsschutz-und-bundespolizei-bundestag-beschliesst-staatstrojaner-fuer-geheimdienste-und-vor-straftaten/

(3) https://mailbox.org/de/post/horst-seehofer-regelt-seinen-nachlass

(4) https://netzpolitik.org/2019/zahlen-bitte-so-viel-geben-deutsche-parteien-fuer-werbung-auf-facebook-aus/

(5) https://www.bmjv.de/SharedDocs/Downloads/DE/News/Artikel/112919_DSGVO_Studie.pdf?__blob=publicationFile&v=2

(6) https://www.perfect-privacy.com/de/ und https://www.vyprvpn.com/de

(7) https://www.zdf.de/nachrichten/heute/whistleblower-edward-snowden-

im-zdf-interview-100.html#xtor=CS3-162
(8) https://netzpolitik.org/2020/spaeter-sieg-fuer-snowden-gericht-erklaert-nsa-vorratsdatenspeicherung-fuer-illegal/
(9) https://joinmastodon.org/
(10) https://netzpolitik.org/2021/microsoft-teams-oder-nichts/